士林 巷弄速寫

郭正宏 著/繪圖

留下士林的歷史卷軸（推薦序）

　　時常有些藝術作品，大家都見過，但問到作者是誰？在未 Google 搜尋前，大多數人都答不出來。然知道「速寫」也能以「手繪」方式來記錄與傳達背後故事，使它成為人們心中的追憶與回憶嗎？

　　畢會認識有著極為細膩觀察力，享譽國際的手繪速寫專家郭正宏老師，他在專業表現上，受到國際關注，曾於 2016 年受邀參加義大利 MATTTE IN VLAGGIO 國際速寫聯展，是台灣的第一位。

　　然一生中有多少個記憶被鎖住？郭老師巧妙採取獨特視角，非以拍攝，乃透過畫筆捕捉每一現場氛圍，記錄眼見與心中的美與感動，讓生活中的景致點滴、人文風貌更為豐富亦具藝術價值；因著熱愛速寫，他更遊走世界各地演講與傳授和舉辦個展，感染眾多愛好者的參與。在他多本著作中的旅圖速寫，將台灣的山海與小

鎮風情繪製的維妙維肖，有感他對這片土地的濃情與愛，實令我最為佩服。

　　身為士林區區長，我深耕士林，必須感謝郭老師對家鄉士林仍保有著情愫，以慢活的人生態度，觀看另一種自然與純淨，藉在地「雨農卷弄、地景」為主題，透過「速寫」呈現古蹟建築和人文藝術等的流傳歲月，留下古樸底蘊，期盼它成為士林的歷史卷軸。

　　面前的朋友，當然翻閱這本出版品，將能細品出郭老師獨到的筆觸在人情與風情上所帶給您的共鳴，珍惜共同美好，這是「生活手繪記錄者」傳遞士林地區人文的另番隨筆藝術與樂趣，共享之。

　　　　　台北市士林區區長 洪進達

藉由巷弄速寫，一起認識士林
（推薦序）

　　藝術繪畫跟照片不同的地方，就是它總能去蕪存菁，透過畫者的眼睛構圖與善繪的技巧，將許多不起眼的事物或是習以為常的生活景象，做出不同的詮釋，甚至直擊人心。

　　我在小西街出生，小西街專門出里長（里長街）而觀光客必訪的「士林夜市」其實就是我成長的地方；尤其是新街這裡自清代就是士林開發的地區之一，早期士林人文古蹟薈萃，從地名「士林」二字就可見端倪。士林新街這一代的也是自古就聚集許多文化、商業、人文聚落，「士林國小」是全台第一所小學是台灣國民教育的起點；慈諴宮媽祖廟前從大清早的早市到晚上的夜市，人潮總是絡繹不絕，士林還有許多知名的老舖店家，都是在地經營百年以上，如上市

企業「士林紙廠」、百年糕餅店「郭元益」、士林刀「郭合記」等，都是士林在地的知名商鋪企業。

不過，士林地區的輝煌也長期被台北市其他地區取代甚至漠視，這也是我身為里長一職要努力的方向目標，這次我們能夠透過也同樣是士林人的郭正宏老師的視角，將士林巷弄的許多場景街廓記錄下來，並且把它付梓集結出書，希望閱讀這本書的讀者，都能藉由《士林巷弄速寫》，一起更認識士林這塊土地，也讓更多在地士林人能夠對自己居住的地區有光榮感。

士林義信里里長 許立丕

挽留將消失的回憶（推薦序）

　　我是嫁到士林來的。二十六年前，民國八十六年。

　　剛嫁過來的我，對士林街道很不熟悉，只認識最大條的中山北路。

　　慢慢的，認識了婆婆常去拜拜的神農宮；安靜巷弄裡，歷史的足跡。

　　慢慢的，認識了公公買菜的華榮市場；嘈雜鼎沸人聲，乘載附近住民的味蕾。

　　慢慢的，認識了老公剪髮的金門理髮店；剪髮之外，見證舊街家族故事。

　　慢慢的，認識了老公國小同學開的廟口涼麵；自己種蔬菜，甘甜在舌尖。

我像一隻蝸牛,逐日的食衣住行,慢慢拓展了我對士林大街小巷的觸角。

隨著日曆一天天翻落,我的足跡越走越遠;聽當地住民口述,對士林的概念、越發立體:現在安靜的舊街,原本是熙來人往的廟前街;華榮市場曾是華僑新村軍眷採買的市場;現今雙溪自行車道旁的水泥河堤,原本是颱風一來就可能潰決的土堤;現今福林國小大門,以前是一望無際的農地;福林橋下,水源清清,可以玩水抓魚……

士林的街頭巷尾,以自己的歷史與溫度,一日日滋養著我這外地嫁進來的媳婦與我的孩子,我的根,深深扎進了這塊土地。

正當我每日在晨光鳥叫中甦醒，穿梭在士林熟悉彎曲的街區，在古厝與綠意徘徊微笑時，不經意的一轉眼，街景卻慢慢的變了……

舊建築要都更，綠蔭大樹因為捷運被遷離……我跟孩子們睜大眼睛，不捨，想留住記憶。

這時候，有一個人，默默拿起畫筆，把現存的士林街景、房屋畫於紙上，一筆一筆為我們留住歲月痕跡，一點一滴，挽留住就要消失的回憶。

這是一個靜謐的街區，這是一個有故事的社區，請你慢慢行，就會在不經意的轉角，遇見很多深藏的情意。

鳥鳴啁啾的早晨，我走在士林暖暖
的陽光裡。

作家　吳在姨

士林，正在改變（自序）

「士林」是台北市的一個行政區之一，翻開地圖它位在台北市的北邊，它沒有信義區的繁華熱鬧、沒有中正區林立的行政機關，不像萬華區、大同區的歷史街廓，更沒有內湖區的高科技園區。但是，士林卻是老台北人口中真正的「天龍國」，在 1977 年之前，士林人的身分證號碼「Y」開頭，這裡住過的第一名人是蔣中正先生；這裡有世界最多中國歷史文物的「故宮博物院」；所有外國觀光客來台灣都必遊的「士林夜市」；另外，士林區裡有著號稱「台北上城」高級住宅區林立的天母，也有長達五十年限建的「社子島」。

我在士林出生，我出生的地方是清代漳泉械鬥的事件發生地，居住的「舊佳里」是士林最古老的區里，在這裡生活的數十年，士林改變一直不大，近二、三年卻慢慢的感覺著它開始在改變，許多地方開始都更，老屋拆毀改建成大樓社區、原本是孩子玩耍的靜謐巷弄開始拓寬、小時候玩耍的河岸築起堤防改成自行車道、原本熱

悉的老店舖慢慢的走入歷史,替換上的是更多時尚的現代商場或百貨公司。

看著士林慢慢的在改變,2022年我開始在士林巷弄間速寫記錄,將士林區分成不同地域:「舊街」、「新街」、「天母」、「後港」、「社子島」、「陽明山區」等等。以一天一畫單色速寫的手繪圖來記錄「士林」、記錄自己的故鄉,也將作品放在士林的社區臉書社團上,讓更多人共同來「速寫」士林人的記憶。

我是一個旅行速寫的手繪藝術工作者,我畫過威尼斯的水街河巷、畫過巴黎的時尚街廓、畫過佛羅倫斯文藝復興的石板街坊、畫過日本京都的京町老屋,但都沒有畫自己故鄉來得熟悉與感動,這本書不僅是記錄士林的變遷,也透過許多士林人的反饋一起來書寫大家的共同記憶。

目錄

舊街地區。

新街地區。

雨農地區。

後港地區。

天母地區。

士林·神農宫·正殿 Hintro 圖
2023.5.29

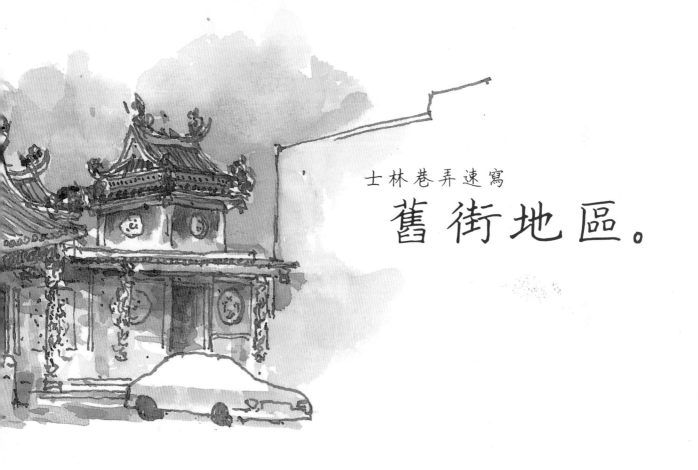

士林巷弄速寫

舊街地區。

士林橋頭 & 文林苑

　　士林橋可以找到的記錄故事不多，最早是在清道光二年間（1822 年）由在地人郭臨生在這裡修建永安橋。

　　遠方第一間高樓是曾經上過媒體新聞的文林苑，2012 年某天早上，正要上班的我發現前街附近都是警察車輛，然後打開新聞就看到當時文林苑

的王家人被從家中拖出，及怪手推倒他們家房子的景象。不管你怎麼看待王家人，在當時的狀況非常驚駭，也引起社會輿論譁然，許多青年團體或是社運人士都到場聲援，直到2018年文林苑落成啟用，原本紛擾的巷弄恢復安寧，但卻再也恢復不了當年人事物的故事。

玩具零食店（中山北路 698 巷）

粉絲留言 ▼

好懷念買沙士，在柑仔店後面偷打電動的時光

這是我阿嬤的雜貨店今年可能要收掉了

滿滿的回憶

玩具零食店 (中山北路698巷)

　　這家小小的雜貨店是我小學上學路上必經過的地方，少說也是四十年起跳。在那個小學生自己走路上學的年代，每到放學時間店門口總是擠滿了小朋友，買糖果、買玩具、玩抽獎，大家玩得不亦樂乎，旁邊鐵門後面是已經在改建的「正音幼稚園」舊址。士林正在改變中！

Kuo
2022.4.21

有應公媽廟

　　雖然這間廟宇貌不驚人，但祂是一個關於女性主義的故事，士林這個古老的舊街裡，有個默默守護這個地方的有應公

2022.4.18

媽廟。是由有應公廟和聖媽廟合
而為一的陰廟，兩百多年的聖媽廟
原在附近的福志里內，而有應公廟
在神農宮西邊郭元益餅店旁，是紀
念單身無後嗣的開拓者。

「聖媽」是在舊街（古稱蘭林
街）出生的漳州人與原住民所生

的混血女孩吳若蘭，天資聰明，興辦私塾教育女童，六十歲去世，因礙於習俗，後代不設神主牌位祭祀，但靈驗之事傳於街坊，遂建一小祠安置命名為聖媽廟，後因有應公廟與聖媽廟均傾壞而改建，將兩座小廟合而為一命名為有應公媽廟。廟宇除了成為在地人心靈的寄託與信仰，也默默為當年士林地區的族群故事，記下「良善」的一筆。

前街後巷（福德洋圳）

　　從華僑新村的巷尾望去，隔著一道圍牆可以看到前街房子的後面，雜亂無序的建築有一種特殊的美感，前街這條後巷與華僑新村隔

2022.4.30

著一道圍牆，我還有印象的是原本是一條水溝（可能是以前用來灌溉的水圳），後來被加蓋變成馬路。路很小只能容納一輛車通行，常常讓行人感覺很不友善的道路空間，就不知它本來就不是馬路。

粉絲留言

水溝從外雙溪泰北那邊一路流過來，現在雨農路雞當家對面還有一段露天!!

前街舊佳里

粉絲留言 ▼

這條街道～
陪伴我多年的歲月……感謝你細膩的筆觸，將它速寫得讓人讚嘆不已！

有畫到我家耶！畫得真好

前街舊佳里

　　這條馬路是士林最老的街廓之一，也是金山到台北的「魚路古道」的終點之一，這裡也是士林最早的發源地，在清領時代曾經這邊有繁華的街廓，直到漳泉械鬥後將附近居舍街廓焚燬，才有新街的誕生。

　　這條不起眼的巷子，我就在這裡長大，記得小時候車子不多，小孩子都可以在馬路上玩耍，現在這條巷子（單行道）成了中山北路與文林路的交通要道。

2022.4.19

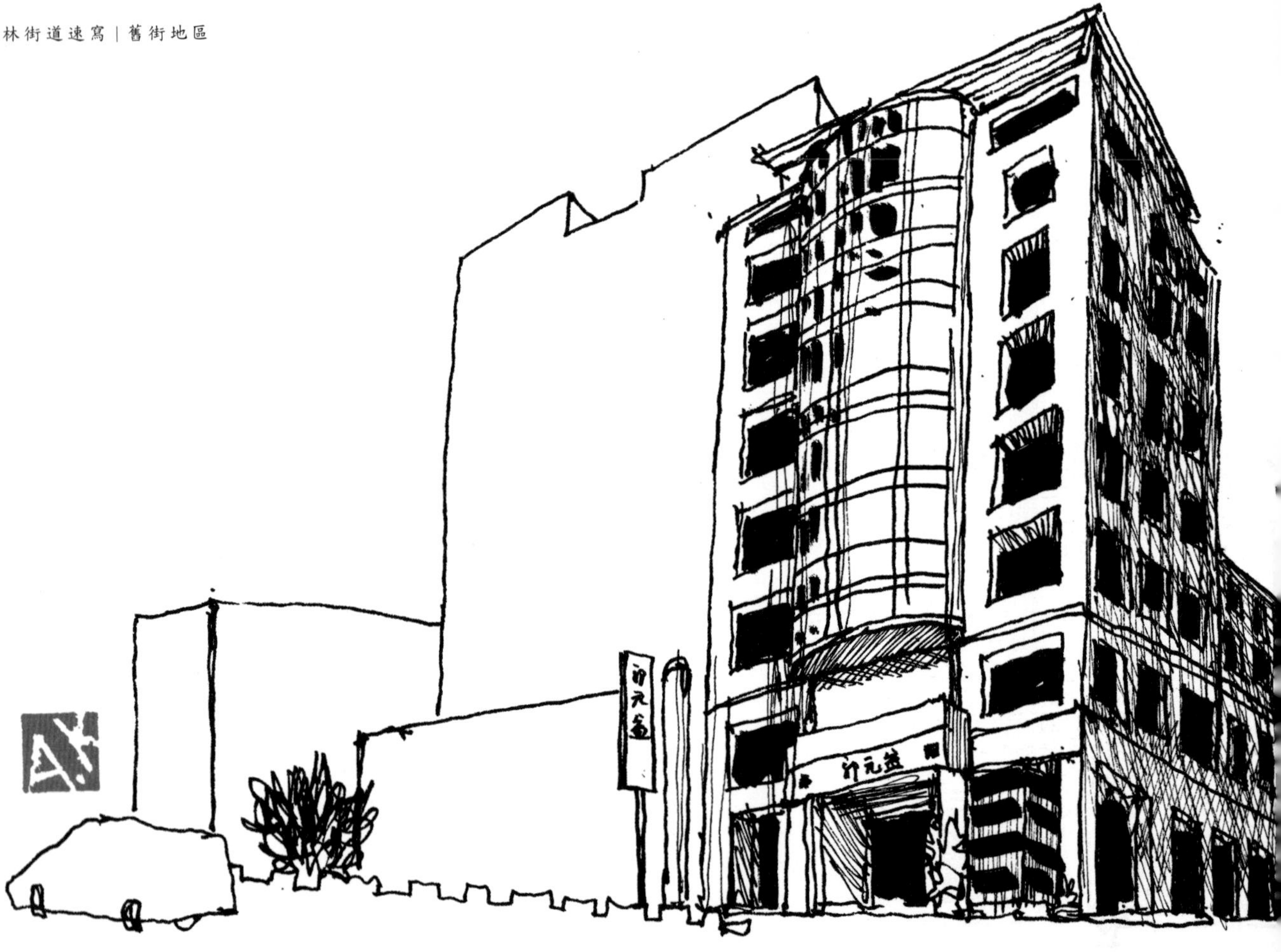

郭元益食品大樓

　　1867年（清同治六年），第一代經營者郭樑楨於台北市士林區最早的發源地「舊街」（即為現址）開設糕餅店鋪，並以郭氏在漳州的祖厝名字「元益」創立糕餅店。西元1945年第三代經營者郭欽定將「元益」冠郭姓而成「郭元益」。

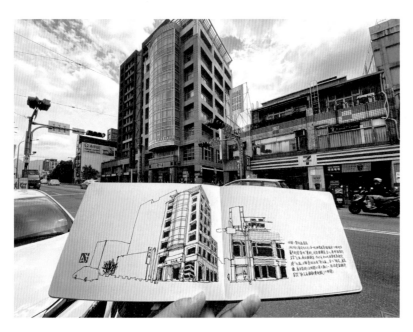

原本前街（文林路口）是製餅工廠之一，後改建為企業總部，並在這裡設立郭元益糕餅博物館—士林館。

以前每到中秋節前夕，這裡路口就會擠滿許多人來購買蛋黃酥和綠豆冰沙餡餅當作自用送禮的禮物，記得以前中秋節排不到隊的時候，我阿嬤因為認識老闆，都直接從後門購買，讓我印象深刻！（標準的「走後門」）

粉絲留言 ▼

以前都陪我爸去郭元益拿喜餅去送貨……有懷念的感覺

想當年為了學費透過老爸在裡面打工過……滿滿的回憶

我們也是走後門 馬上買到剛出爐熱綠豆冰沙餡餅 現在想起來還甜滋滋的

小時候念安親班時
老師還有帶我們到郭元益體驗自己做糕餅
雖然烤出來的形狀很悲劇
但食材畢竟是郭元益的
所以還是很好吃 XD

華榮市場（華榮街）

　　早在清代，士林這一帶就是魚路古道的終點之一，金山的魚貨都會夜半出發，翻過陽明山到達士林販售（有的最遠到大稻埕銷售）。慢慢的從原來只是交易地點變成有固定的攤販聚集。

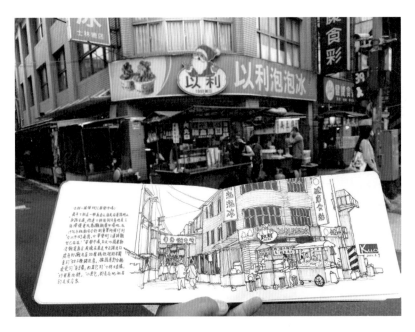

　　白天這裡是賣蔬果熟食、生活雜貨的市場，到了傍晚在中正路這邊的市場出口會聚集幾攤攤販，在當年對面的光華戲院還在的時候，這裡的攤商與人潮更多，現在能存在下來的都是在地人最愛的名店。有老闆用低沉聲線攬客的甜不辣豬血湯，有據說郭董最愛的臭豆腐，還有炸彈蔥油餅以及士林大香腸、水煎包等等。每到下午附近士林國中的學生下課或上班

族下班、一直到晚上的宵夜時間，這裡都是熱鬧非凡。

　　後面的以利泡泡冰原本是在市場裡面，之後搬到市場入口處，也加賣熱食，與前面攤商形成一個小吃市集，士林在地人都知道要吃老店來這裡準沒錯。

　　士林人，你最喜歡哪一家呢？

粉絲留言 ▼

民國 59 年第一次吃以利，到現在這幾攤都持續在吃，包括逛華榮市場（從前叫細姨仔街，較晚市）和美崙街及前、後街。

最喜歡甜不辣與肉圓，這攤！
記憶裡早上還有一家賣蚵仔麵線，也曾經是我的喜愛攤家。

從小在美崙街長大的，三福排骨也不錯

2022.4.20

前街福林古早味冰店

　　這家冰店我想老士林人都知道,老闆夫婦是宜蘭人,原本在對面開自助餐,後來轉賣老家宜蘭的清

冰，一球古早味清冰才十元，真的
就是小時候的味道！夏天總會看
到附近國小棒球隊來這邊光顧。

真是令人回味的美味。年紀越大越覺得簡單才是美好

祕密基地，夏天上班的時候。都會偷跑去那邊吃紅豆冰

有錢就買紅豆牛奶和花生，沒錢時買清冰

童年回憶呀～～最愛吃他們的清冰了！！！現在去找尋這個味道已經找不到了

因為冰店透明玻璃門上有貼三星兩個字，我永遠不會忘記高中無知的我走進去要跟老闆買蔥（想說有買過蛋賣蔥好像也合理），老闆一臉問號說我們沒有賣蔥啊……什麼時候有賣蔥，無知的我還說，你外面有貼呀～我還跟阿公一起再從室內走到門口，我手指三星那兩個字，阿公說他們是從宜蘭三星來的跟蔥沒關係＝＝
哈哈哈哈想到自己無知的往事就覺得很搞笑

麥當勞（舊址福樂餐廳）

　　原本這個位址是「福樂美式餐廳」（印象中），它可以說是台灣美式速食餐廳的始祖，還記得當初福樂的外觀有點像國父紀念館，在我小時候的年代，福樂讓每個孩子記憶深刻的就是它的香蕉船冰淇淋，一顆顆冰淇淋放在香蕉上，再淋上巧克力醬，在那個民國70年代真的是每個孩子的夢幻逸品，我印象中也只吃過二次。後來福樂餐廳搬遷到附近繼續營業，也因為

2022.5.11

後來許多美式知名連鎖餐廳大量進入台灣市場,讓它生意大不如前了,直到2016年正式結束營業。

　　後來這裡被麥當勞取代,由於麥當勞標誌醒目成為許多人要上陽明山遊玩的相約之地,除此之外,麥當勞也是士林許多孩子們從小成長過程中,必認識的餐廳(兒童行銷做得好),尤其麥當勞後來

推出早餐系列、24h營業等。都讓它與附近社區更為緊密。

你是否也對士林麥當勞或福樂餐廳有特殊記憶，或是我對福樂餐廳有描述錯誤的，可以留言分享！

粉絲留言 ▼

很棒的紀實回憶、那個年代進入福樂就是一種幸福的感覺、之後麥當勞時代、旁邊還有德州炸雞、濃特莉、士林中正路幾乎是美式速食店的集中點

福樂原本在現在麥當勞的位子，後來搬到現在何嘉仁的位子，然後再往對面搬到燦坤旁邊，幾年前收掉。

我小時候會去福樂餐廳吃早餐，美式早餐太陽蛋焦焦的培根現榨柳橙汁

前街 43 巷（賴氏古宅）

　　你知道在前街的巷子裡藏著一棟三合院，這是「賴氏古宅」，從磚牆的型式可以看出應該是日治時期建造的，我小學上課都會走過這裡，當時賴家家族仍住在這裡，旁邊土地原本是菜園，現在則改建大樓及停車場，他們家族中有二位曾是我小學同學。現在老宅荒廢無人居住，變成在地導覽團必走的景點介紹之一。

粉絲留言

勾起我許多小學時候的回憶

以前他們還有養豬耶

真飽自助餐 （中山北路五段 699 巷）

粉絲留言 ▼

國中晚自習班導常訂這家便當。第一次看到店面本尊

老闆娘羅媽媽勤奮又有愛心！加油

老板娘人很好，但你如過得不錯的話會比較貴些，如你是年長的長輩菜錢可能非常便宜喔，也許這就是台灣人的人情味吧

真飽自助餐（中山北路五段 699 巷）

　　這排店面有早餐店、自助餐、涼麵攤、古早麵等。台灣最讓人驕傲的是餐飲的方便性，一個轉角或巷口就能滿足這附近居民的生活需求，小小的店面應有盡有，這也是傳統社區最重要的人情溫暖。

2022.4.18

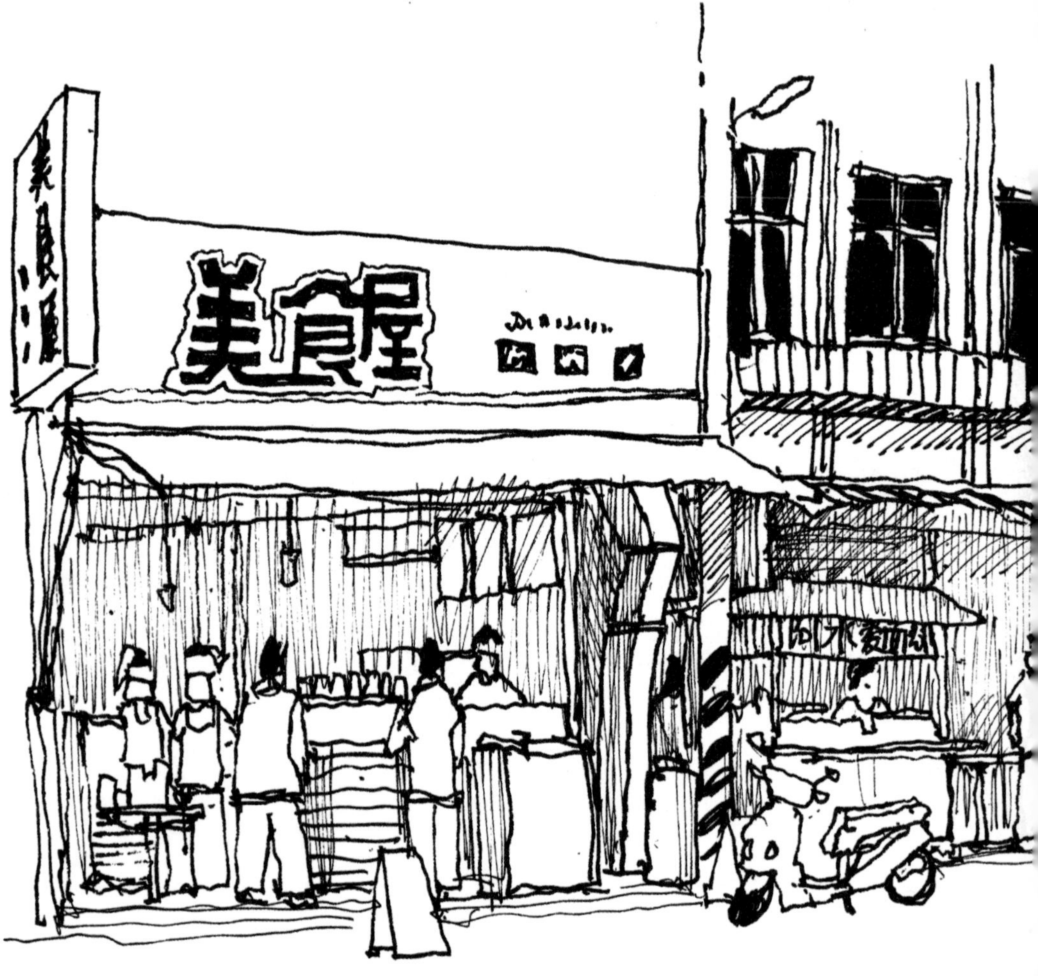
美食屋

美崙街早餐名店

　　美崙街可以說是這一帶居民的廚房,早中晚三餐都可以在這邊尋找自己喜歡的店家。美食屋跟阿水麵線是這條街早餐時段的排隊名店。(午餐跟晚餐各有排隊名店)

美食屋已經是第二代老闆（頂讓經營），但是漢堡肉還是維持手工自製，老闆跟店員們超強的記憶也是這家店的特色，點餐服務還能客製化，依照自己的喜好調整餐點內容。我個人都會先打電話來訂餐，就可以免去排隊的等待。

另一家阿水麵線就真的是每買必排的店家，而且營業時間從早上 6 點開始到 8:30 就差不多賣完了(8:30 後憑運氣)，「阿水」是老老闆的名字，所以這已經是第二代在經營，老闆的手從開店開始都沒有停過，一碗一碗的麵線在冬天早晨是必吃的早餐，也為當地華榮街市場的店家攤商帶來滿滿的體力。

早餐是每天生活中重要的一餐，想畫下這二家不是因為打廣告(他們生意已經好到不用廣告)，而是他們的餐點已經成為在地人味覺的代名詞！

耶穌君王堂（士林區中正路264號）

　俗語說：「近廟欺神。」居住生活周遭的景物常常覺得它的存在是那樣自然，沒什麼特別可言之處，這次「畫士林」之後才發現，原來我生活範圍內看似平凡無意義的建築景觀，竟然存在那樣多的歷史點滴。

　這座一直位在文林路與中正路口的天主堂（從小都這樣稱呼），真正名字是「士林耶穌

君王堂，設立的時間是在1955年(民國四十四年)，由一位荷蘭籍鄭化民神父創建的，早期士林沒有天主教堂據點，鄭神父都從天母過來傳道，後來他興起蓋一座教堂，便在多方奔走下，建立了士林耶穌君王堂。也為了能夠多方傳道，讓更多在地人接近上帝，也成立天道幼稚園及文華學社提供士林附近求學的大學生一個可以學習住宿的環境，1975年鄭神父因健康因素調離這

個耕耘二十年的地方，回到天母，並於 1985 年病逝於天母，鄭神父從年少離開荷蘭來台灣，為這裡奉獻六十多年，士林耶穌君王堂正是見證鄭神父一生的寫照。

聽說，這裡也在不久的將來會有都更計畫，藉此機會為它速寫記錄下來，替士林地區的天主教發展留下一頁記錄。

** 以上內容參考「士林耶穌君王堂」官網

粉絲留言 ▼

很懷念教堂外文林路一側的一排樹，還有靠大門的櫻花樹……

謝謝你，記錄士林的美

我舅媽在此結婚，二十年後我嫁到士林，才發現這間教堂是小時候舅媽結婚的地方

福林國小

　　民國 49 年陽明山管理局因地方需要
籌設「福林國民學校」,建校舍十二間。
隔年 9 月 1 日開學,定名為「象賢國民學校」,
訂一~四年級,開設共十五班。直到 53
年才又復名「福林國民學校」。民國 63 年
才正式更名「福林國民小學」。

2022.5.3

現在這個校門是以前的正門，門口的蔣公銅像是我還在校的時候設立的，以前進校門都要脫帽敬禮才能進教室，不然都會被訓導主任叫來罵，前排左邊的部分校舍已經被拆除改成公立幼兒園，當年初成立時的棒球隊，現在可是成績超群，時間長河一點一滴累積，現在依然每天要到校，不過已經換成去接小孩上下課了！

粉絲留言

看到你的素描圖、勾起很多回憶、學校前面是一條大水溝、後面到堤防之間都是稻田、福林國小前三屆畢業生是從士林國小車來、第四屆才是真正在福林培養六年的學生

記得穿堂兩邊是寫「福天福地福人居，林園林蔭蔚士林」

小一時 學校後門有片竹林 小二開了新路 原本叫新興路 後來才又改名福志路
後門對面橘色那幾棟是海砂屋打掉又重蓋的 海砂屋旁邊是一片芭樂園 現在也蓋大樓了
活動中心原本是籃球場 游泳池是露天沒屋頂的
不知不覺畢業35年了

士林街 福德宮
正宮 2023.3.29 國

士林巷弄速寫

新街地區。

士林街福德宮

　　大南路路口有一座福德宮，聽名字
就知道是供奉土地公的廟宇。士林
的開墾最早可以追溯到康熙年間，
附近居民多數都以農作維生，按照生

Kuo
2022.5.19

法習性，多半都會做田間供奉福德祠土地公，作為祈求平安豐收的神祇。相信這座士林街福德宮應該是比慈諴宮更早存在在這裡。

　　廟址位於大南路口，也是舊基隆河河道及早期士林吊橋的出入通道，也有兼利舟船運航平安之舉。

小西街

　　士林市場旁邊的「小西街」算是士林非常古老的巷弄之一。早期的巷弄都不大，所以一不注意就很容易路過錯過，謝謝在地許立正先生的引導，帶我走入士林夜市的巷弄間，介紹許多當地居民才知道的巷弄與典故。

以前小西街靠近基河路這裡算是「警察宿舍」，許多士林分局的警察都居住在這一帶，從宿舍外觀大小可以看出居住者的階級（有院子的階級高），當然現在這些宿舍群早已荒廢或改建，當年的外觀早已不復存在，小西街還有「里長街」的稱號，附近的里長都出生或居住在這裡，算是在地巷弄的一大特色。

粉絲留言 ▼

我家住小西街、附近有警察宿舍、只知道有女生宿舍！ 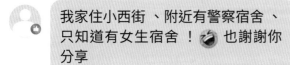 也謝謝你分享

小西街的具體位置，很多老士林人都不知道。

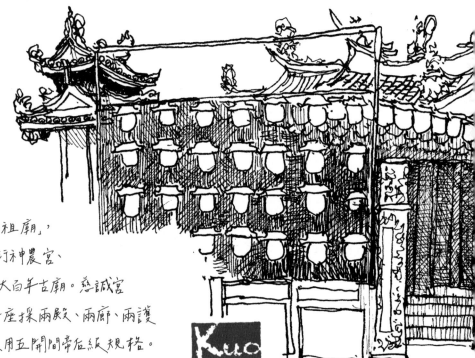

慈誠宮

　　慈誠宮又稱「士林媽祖廟」，
舊稱芝蘭街天后宮，與舊街神農宮、
芝山巖惠濟宮並稱士林三大百年古廟。慈誠宮
主祀天上聖母媽祖，是一座採兩殿、兩廊、兩護
龍的平面式廟宇。前殿採用五開間帝后級規格。

2022.5.20

原址在士林「舊街」的慈諴宮（今文林路 731 號附近），在清咸豐年間因士林發生漳泉械鬥，「舊街」（芝蘭街）被焚毀，後在「新街」現址異地重建，成為「士林新街」重要的信仰中心。早期士林新街依畔基隆河，有河岸碼頭貨運集散地，加上有「慈諴宮」這個信仰中心，自然而然會成為攤商聚集之地，也逐漸在「慈諴宮」周圍形成白天早市、晚上夜市

的攤商市集。

記得童年時在除夕夜晚，吃過年夜飯後，會跟家人一起前往士林夜市逛街，並且也會到「慈諴宮」上香祈福，當時的士林夜市人山人海步履維艱，攤商聚集熱鬧非凡，非常懷念小時候逛士林夜市的回憶。

粉絲留言 ▼

在賣愛國獎券的年代，慈諴宮對面戲台下，買獎券及豆干，是不捨的回憶

慈諴宮也是四周道路的分界點，大小東南西北

2022.5.13

士林公民會館 & 德福診所

　　日治時期，地制畫分為「州、郡、庄」三級制，士林屬於「士林庄」，現在「士林公民會館」即是當年日治時期的「庄役所（土場）」。換成現在白話文說，就是「區公所」。

　　這座建築一直到後來的國民政府接收並沿用，直到 1993 年「士林行政中心大樓」完工後，士林區公所才搬遷，原來的建物一直到 2006 年整

建後完工，成為「公民會館」，並作為藝文展演空間。

　　士林公民會館位在士林圓環旁，是士林夜市商圈北邊的出入口處，以前在圓環中心還有一塊「永福磁石」，這是一塊「反經石」，會使指南針反北為南，曾經在清代的《淡水廳志》中就有記載觀音山、陽明山這一帶有這樣奇特的石頭，現在

已經收藏至公民會館內供民眾參觀；圓環這裡在以前是熱鬧非凡，正對面是士林分局舊址，右邊有一棟老房子「德福診所」，整棟四層樓建築保留了巴洛克風格的外牆，裝飾繡褥華麗，是附近僅存的古老建築，可依稀見證當年士林的繁榮！

粉絲留言 ▼

沒記錯的話，以前圓環裡好像有一塊磁石，已經搬到新的區公所了

福德診所前，曾經有看畫家專程來畫建築特色

士林夜市入口（基河路）

2022 年台北燈會在士林
舉辦，當時從劍潭捷運
站開始，一路五花八門
的花燈裝
飾閃亮了
整條基河路，
並且帶來許多人潮，讓士林夜市再次人聲鼎沸，
好不熱鬧。這個士林夜市基河路入口處，門口的
花燈就被當地許立正先生爭取保留下來，成
為見證的記憶。

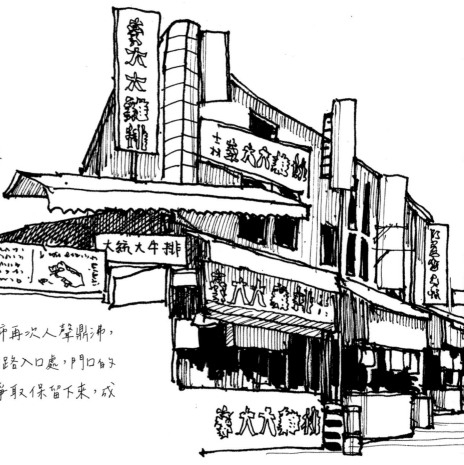

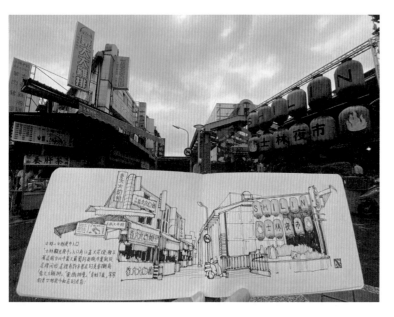

花燈前方的玻璃屋地下室裡，有許多以前士林夜市的道地小吃，生炒花枝、蚵仔煎、天婦羅都在這裡，可惜的是位處地下室讓原本熱炒烹調的悶熱感加劇，在地人比較不方便去消費。後來很多聰明的店家就搬上來在兩側的巷弄開店，豪大大雞排、家香碳烤雞排、藥燉排骨、夜市牛排、青蛙下蛋等等，都在這附近可以找到。雖然因為疫情持續延燒，士林夜市的人潮越來越少，但看見店

家仍然為了生計努力不懈的工作，真的值得為他們喝采！

士林在地人有空還是可以去外帶吃吃看看！也可以留言分享你喜歡的店家美食。

粉絲留言 ▼

最早未改建前的士林夜市
是因應銘傳商專女校而興起的
那時就在兩幢建築後空地慢慢的由流動
攤販到搭棚
再到違建一路興起
低矮簡陋凌亂不堪
那時銘傳女校的學生吃攤食
常常一下子來一群人

攤販因人手不足未能全面照顧到
有些學生吃完不付錢你走我溜的

弄得攤商往往白忙活還倒賠受不了
告到學校去
學校派教官去巡查
還是無法全面改善
有次和一位大姊去常吃的攤子
聽攤主訴苦
大姊告訴攤主這問題很簡單
先收錢再上菜
不就解決了
從此攤商上行下傚
形成今日吃攤店家都這麼做了

士林紙廠／廠房區

　　1918 年士林紙廠的
前身是台灣製紙株式會社，
它也是台灣自動化製紙的工
廠，眼前的紅磚石牆建築物是當
年的「廠長室」，後段則是抄紙車間，這
些建築看似年代久遠，但事實上它們都與
士林早期在地居民有很深厚的淵源，許多
人的父母長輩都以在士林紙廠工作為榮，
即使現在士紙已經轉型，但與士林這塊
土地緊密相連的情感仍無法阻斷。

士林國小

士林國小的校友請舉手！

說到士林附近的
學校，不能不來畫士林
最具代表性的「士林
國小」。這座已經有
一百二十年歷史的學校，
可以說是台灣國民教育
的縮影。

2022.5.12

最早要從日治時期日本人在現在「芝山岩」創立的「芝山岩學堂」（現芝山岩惠濟宮內），1904年遷到現址，1941年改名「士林國民學校」，中間因行政區規畫問題改了多次校名，直到1974年才正式改為現在的「台北市士林區士林國小」。

在福林國小還沒成立的時代，大多數附近的士林人都讀士林

國小，許多士林的長輩們很多都是這裡畢業的。現在校園內還存有一棟 1916 年日治時期的校舍，旁邊有一座 1929 年興建的「士林公會堂」，但經過增建、改建早已失去原本的樣貌（小時候看過舊貌），「公會堂」是以前沒有廣播電視的時代，公家機關對百姓宣導公共事務的公眾集會的場所，也已被登錄台北市歷史建物。

粉絲留言 ▼

轉眼已畢業 31 年了，我兒子現在也是士小三年級．每當翻到舊照片時，仍會有滿滿的回憶湧上心頭．

士林公會堂也是以前的民眾服務社 我記得曾經也是圖書館吧

從阿公開始 三代都是士小

士林國小畢業 結婚照外拍在學校操場

台北表演藝術中心

　　位在士林劍潭站前，緊鄰士林夜市的「台
北表演藝術中心」，簡稱「北藝中心」，或「TPCA」，
已於 2022 年 8 月正式開幕，是台北市
文化局興建的文化展演建築，由於
外觀呈現幾何形狀，被許多人
暱稱為「皮蛋豆腐」。

圓山保齡球館（圓山育樂中心）

　　早在民國 55 年「圓山保齡球館」就開幕營運，當時剪綵的是當時省府主席黃杰，開球陣仗也很驚人，總共三十二位當時的大明星一字排開，像是張美瑤、張小燕以及唐寶雲等等。

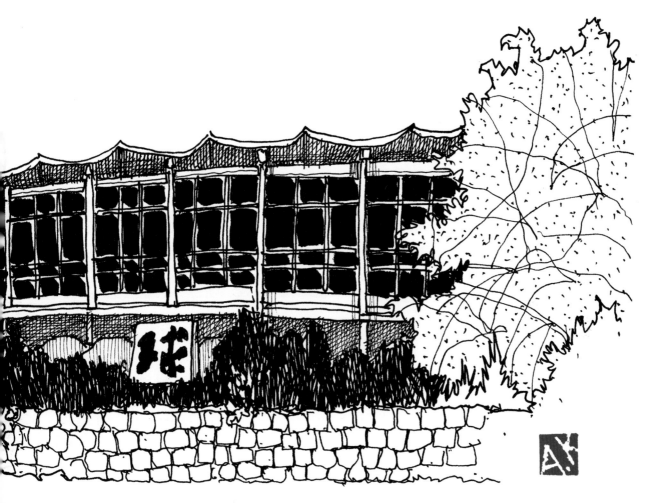

90 年代，台灣社會流行打保齡球，當年保齡球館幾乎跟超商一樣多，根據統計 1995 年全台灣保齡球館直逼六百間，當時人手一個球袋，下班下課就往保齡球館報到，周遭朋友對「飛碟球」、「大曲球」、「小區球」等球種如數家珍，尤其在週末假日，保齡球場跟夜市一樣人潮擁擠，球道是一道難求，還有朋友連打保齡球都可以

打通宵。問問為什麼要打通宵,他告訴我要練球,我不太了解朋友也不是國手為什麼要練球?也不了解分數打高、吃雞的意義是什麼?反正當時社會就是流行打保齡球的娛樂。

當然,如今台灣的保齡球館大約僅剩下不到五十間,「圓山保齡球館」是目前台北市內碩果僅存的保齡球館。或許我拜訪的時間不對,門可羅雀,諾大的空間連一位顧客都沒有,店員熱著便當準備吃飯,環境非常復古,座位席都保留往昔風格,一局 70~90 元的價格真的很平價,「保齡球運動」逐漸沒落。現在年輕人應該也不太熟悉這個運動,但我們這一代人都還記得當年打出「Strike」的興奮感!

簡記木瓜牛奶（士林夜市）

　　士林夜市常被媒體踢爆有不肖攤商，讓商圈形象受損，我想畫下並分享許多兢兢業業的老店、老攤，讓許多人知道士林區的好味道。

在士林夜市慈誠宮門口的「簡記木瓜牛奶」(士林區大南路84號)，從民國六十幾年開始已經開業四十多年，只賣木瓜牛奶、紅蘿蔔汁、檸檬汁這三味。老闆娘說以前夜市附近商家大多都賣冰品，由於競爭激烈，冰品的價格大約10元，因為不想與人競爭相同商品，以現在行銷術語叫做出「商品差異化」，就賣起「木瓜牛奶」，並且標榜不加一滴水，一杯可以賣25元，老闆娘說她完全只用牛奶跟木瓜下去果汁機打，打出來的木瓜牛奶特別濃純，也逐漸在競爭激烈的士林夜市站穩一席之地，並得到顧客的認同。

粉絲留言 ▼

1. 從小喝到大最愛老闆娘壓搾的檸檬汁😃😃
2. 最喜歡喝紅蘿蔔原汁＋檸檬！

超好喝！現在還在喝！只是會和老闆娘說要減糖，不然會有滿滿的一匙白糖

士林巷弄速寫

雨農地區。

士林芝山巖·惠濟宮
Zaha Hanko 2003.5.29 圖

芝山岩惠濟宮

　　乾隆年間（1752年）就初建的惠濟宮是士林地區的信仰中心。當時台北市多半的區域都是泉州府移民，只有士林、內湖一帶是漳州府，因此常發生雙方械鬥衝突，因此漳州人都會把信仰廟宇建造在山上（內湖碧山巖），芝山岩惠濟宮供奉「開漳聖王」，每

年都會舉行過火儀式，與慈諴宮、神農宮並列士林三大百年古廟。

　　惠濟宮除了是廟宇之外，在日治時期日本總督府學務部也設立在此，在廟內成立了「芝山岩學堂」（後來的士林國小），是台灣第一座日式現代學堂，也是台灣現代教育的發源地。

日治時期的畫家西川滿在紀念潘永清而寫的《元宵記》提及自己在台灣期間最喜歡的是士林，常帶著兒子前往，也總會去日治時期教育的發祥地芝山岩惠濟宮參拜。培育多位台灣早期藝術家的石川欽一郎先生則稱為「芝山岩寺」，對此廟的風景留下了感想。

粉絲留言 ▽

> 小時候，廟的後面、下面都是軍營!!! 軍事遺址應該也是地方的人文史蹟，可惜都拆了

> 芝山岩學堂是後來的士林國小，長知識了

泰北高中

　　泰北高中創立於1916年，是台北市第一所私立中學。1916年4月，曹洞宗大本山台灣別院創設「私立台灣佛教中學林」。當時創校之初，教師多是僧侶充任，學生只收志願皈依佛門的男性。1935年3月，改為「私立台北中學」，由佛教學

林轉型為普通中學。1947 年，改稱台北市私立泰北中學，1972 年 4 月，改稱台北市私立泰北高級中學。

　在大約二三十年前，台北市私立高中高職林立，當時民間就有號稱「東西南北四大名校」，聽起來很威風，其實是一種諷刺，泰北高中就是列為四大名校的「北校」，話雖如此，但泰北高中在當年就積極發

展「美工科系」，聘請許多復興商工藝術專業的老師投入美工科系教學，積極鼓勵學生參與對外比賽，得獎豐碩，在美工科系上也佔有北台灣高職學校一片天。

現在學校光「美術廣告」相關科系就有美術班、美工科、廣告設計科、多媒體設計科、室內空間設計科、表演藝術科等等。

粉絲留言 ▼

以前大門進去有石碑 忘記是寫什麼 曾因背包太長 3 公分 被訓導主任罰跑三圈 雖然四大名校 但老師教官都超嚴厲

陳炳甫、陳詩欣 、柯佳嬿、劉品言、王芷蕾、辛龍、林世宗、林珍羽、琇琴、陳美鳳，他們都是泰北畢業的，都很有前途

泰北美工報到

士林官邸正館

士林官邸主屋正館

　　前身是 1908 年日治時期台灣總督
府的園藝試驗所，二戰之後，台灣
省主席陳誠在此興建士林賓館，1949
年蔣中正退居台灣，1950 年三月從草山
招待所遷入，改稱士林總統官邸。

曹家古厝（芝玉路一段）

這裡舊地名「石角」，
位在芝山岩山腳下的
曹家古厝群就在
此地。從漳州移
民來台灣落腳
的曹家是
「八芝
蘭」（士林）
的望族，當年
曹家的富裕據說士林有一半的
土地都是他們家所有。曹家古
厝群不是只有一間，而是三間，開

台祖曹文哲於十六歲離開家鄉至
此地拓墾，乾隆中期建一座三落大
厝，稱頂厝。其弟曹文諒隨後建一
座二落大厝，稱「下厝」。

「譙國」是曹氏堂號。從曹家古
厝外貌觀之，為一座東向西，二進四
合院，護龍式的三落大磚瓦厝，

正身的屋頂有燕尾，護龍也

有燕尾，這在本省是極少見到的。

隨著時間推移，都市計畫的改變，曹家古厝已經逐漸離開歷史的舞台，加上位處陽明山保護區有限建的問題（不知道是不是這樣），古厝一直無法整修，目前曹家後人仍住在這裡，希望這樣具有歷史文化價值的古厝，能夠得到友善的修整與保護。

粉絲留言 ▼

陽明山永公路20巷到40巷大概還有50戶以上……曹家輩分看名字……第二字天賜子孫永昌勝……目前同輩分是「永」字輩

「曹家古厝」群就在此地。從漳州移民來台灣落腳的曹家是「八芝蘭」（士林）的望族，當年曹家的富裕據說士林有一半的土地都是他們家所有

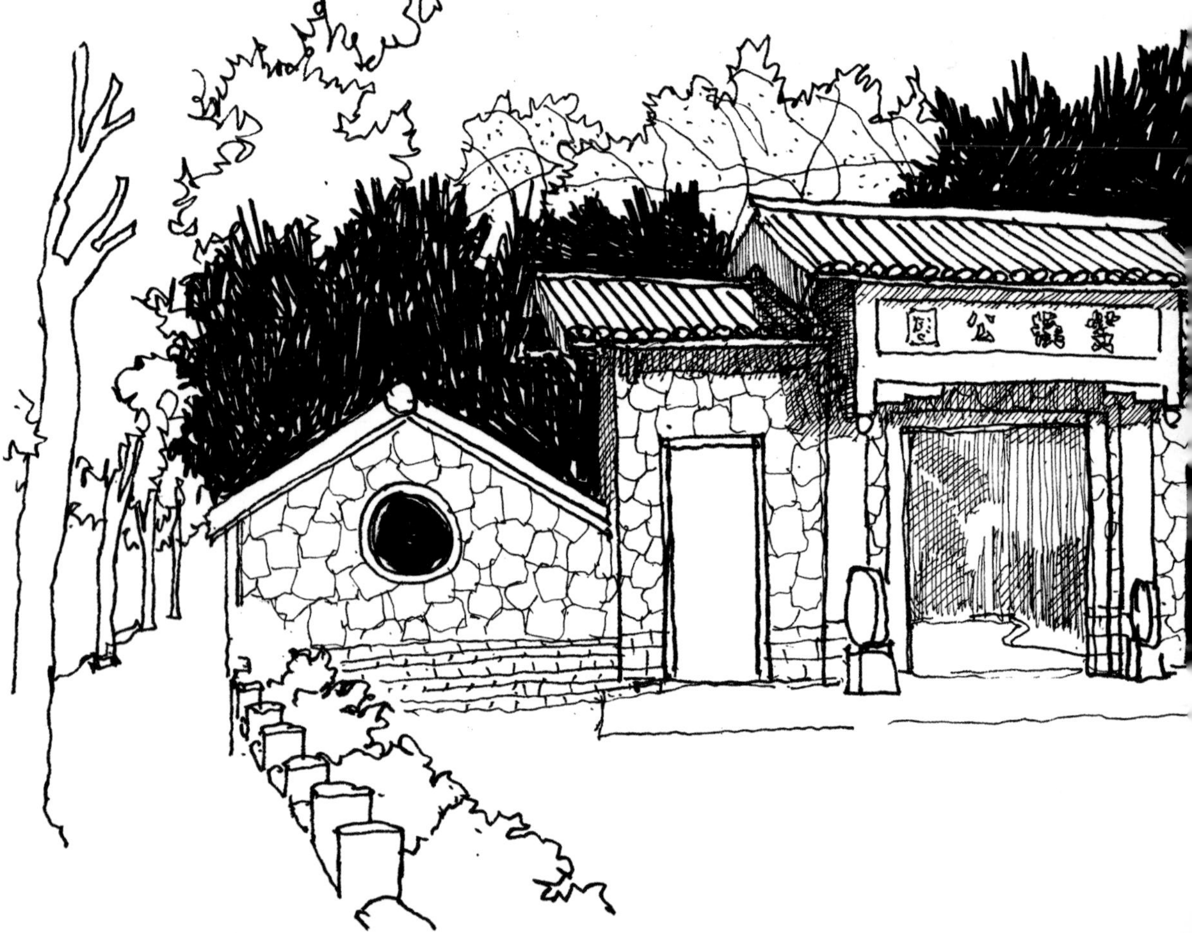

雙溪公園

　　民國63年，坐落於至善路、福林路交界處，由陽明山管理局闢建完成二公頃而成。由名景觀設計師胡國禮設計監造。公園地形平坦，呈三角形，庭園設計仿照傳統庭園格局布置。

在那個時代，士林很少有休閒的景觀公園，因此成了附近許多人假日會帶小孩踏青的地方。

粉絲留言

以前在兩蔣時代，雙溪公園旁山邊就是一個坦克車營區（現在改成環保局使用），不時還能看到阿兵哥在保養坦克車！

那裡生態滿好的
有許人在那拍鳥

以前有收清潔費門票
但我小時候都沒有買門票從旁邊洞洞圍牆鑽進去……
雖然門票很便宜，好像是 2 元後來漲到 5 元？

士林巷弄速寫

後港地區。

士林‧後港
三腳渡 天德宮區
已寫 Alex kuo 2023.5.29

三腳渡石碼頭

　　「三腳渡」號稱台北市最後一座碼
頭，見證台北市變遷的重要據點。
位於士林劍潭基隆河畔、
承德橋後港墘一帶，
早年是做為葫蘆堵、
劍潭及大龍峒三地
的對渡碼頭，是基隆
河上唯一的三角渡船

頭而得名。三腳渡舊名為後港墘，清光緒年間（1879）官方正式的淡水縣輿圖就將其地名標示出來。最繁榮的時候船隻高達兩百多艘。

當年政府為了解決水患，讓這裡不再淹水，民國53年開始執行「淡水河防洪治本計畫」，包括「番仔溝的填平」和「基隆河的改道」兩項工程。將分割社子島的番仔溝填平了，使得社子島和大龍峒連成

陸地。加上，還有基隆河士林段的截彎取直工程，將原本在基隆河兩岸的劍潭和後港墘連成一片陸地，不再需要渡船，渡船碼頭也因此失去了原本的功能。來此不免也會找一位人稱阿正師的國寶級龍舟製作師傅劉清正，阿正師是在地劍潭人從 18 歲開始造船，他除了把一生的心血都投入在造船業外，也將部分的時間用來參加各種和龍舟有關的比賽，並擔任教練。

阿正師見證三腳渡的興盛與沒落補充說：「老蔣總統來台後，軍艦有三、四十艘，一字排開在圓山飯店下方，其中包括將近四千噸的陽字號驅逐艦都停泊在這裡，但現在都停不進來了。」

三腳渡隨著基隆河歷史變遷逐漸沒落現在轉為龍舟園區供遊人休憩。時間流轉，不勝唏噓。

承德福德宮

　　舊時農業社會風調雨順是百姓生活的願望，在那個科學、氣象不發達的年代，只能祈求上天的庇佑，是唯一的辦法。劍潭地區位在基隆河上游，每遇雨季便容易淹水，在地農民會在田頭田尾供奉土地公，

滿滿的變成在地信仰的中心。

　華齡公園內的承德福德宮，位在劍潭後港里的重要交通位置，經過承德路劍潭一帶很難不注意到，匆匆的行人路過，都是不忘記跟土地公拜拜拜，保佑平安。

粉絲留言 ▼

這以前是河道延伸到劍潭抽水站的，到華齡街口是有一座橋，銜接後港跟劍潭。後港跟劍潭是這樣畫分，靠國宅以前是中山區。

如果我沒記錯，這裡恭奉的神尊，是以前落難的神尊；原先恭奉在承德路上米其林輪胎店旁小廟，後來這邊大排封起來後，才移至這邊恭奉，現在是附近住戶的信仰中心另外，其實下面大排還是通的，並沒有填土，只是加蓋蓋起來

傳統算來後港是和社子在一起的，不是士林的因基隆河道改正變到同一邊

劍潭整建住宅（劍潭國宅）

　　政府為了安置公共建設拆遷戶及違
建戶，在 1969 年至 1972 年間陸續興建
劍潭整建住宅（以下簡稱劍潭國宅），每
戶大約僅有八～十二坪的
空間，但在那個年
代，能有一間水泥
房子並遮風避雨
的地方，已經是
許多人的夢想，劍
潭國宅的上下樓樓梯設置

在建築物的兩側，是最大的特色，綠色的牆面經過多年時間的洗禮已經斑駁，一樓的店面住戶是墊高（一樓變二樓），大概是為了應付以前劍潭一帶容易淹水的問題，現在淹水的問題早已解決，原本靠街邊的地下室已經成為一間間店面。

近年人口老化的關係，劍潭

國宅居民也多半不能再負荷爬樓梯的
問題，市政府也有意增設電梯計畫，
但空間跟資源有限可改變的不多，
很擔心這裡在不久將來也會成為
都更的建案，所以趕快記錄下來，
為過去國宅史寫下篇章。

　　有居住過這裡的朋友們可以
分享更多的故事嗎？

士林、天母 區
石啟華 Hua Kuo 2003.5.29

士林巷弄速寫

天母地區。

三玉宮

　　在天母東路上有一座宮廟三玉宮，
廟宇建於 1947 年，當年在乾隆年間，
漢人移民來附近地區開墾，都會在

田邊以石條疊搭小土地公廟，祈求豐收平安，廟宇雖小但十分靈驗，成為附近居民的信仰中心。1947 年將廟宇遷移到現址，興建一座仿古建築，近年又再重修。

　　三玉宮是天母附近重要的廟宇，不時可見許多在地善男信女來此地祈福，在充滿異國氛圍的天母

地區，能有一座非常中國式的廟宇建築，顯眼特別。

粉絲留言 ▼

三玉宮還有開放的乾淨公廁給大家路人使用 XD
萬聖節美國學校妖魔鬼怪傾巢而出時廟公們會發糖果鎮壓他們：D

「天母」由來的天母教神祇現在就供奉在三玉宮

三玉宮所供奉的天上聖母即是當初那尊；而天母教兩尊神祇中日本代表的另一尊則是隨著戰敗請回日本了

士東市場

　　有著全台北五星級傳統市場美名的
「士東市場」在民國 81 年開業，二層樓的
市場總計攤商有二百五十五攤，一樓是
蔬果生鮮、二樓則是美食與舶來品。

　　以前逛市場婆婆媽媽們可都是滿
頭大汗的在腥臭與血水間奮鬥購物，來這
裡逛「士東市場」可是有冷氣空調，攤商間的汙
水與垃圾處理都十分衛生與乾淨，加上明亮

的燈光與攤位門面都經過專業
形象設計，讓婆媽們彷彿置身在
歐洲的市集當中買菜，此外還有免
費的手推車租借與外送服務，買菜
可以很優雅的買再也不用大包小包
的練臂力了。

　　二樓的美食攤位也是士東市
場的一大賣點，許多道地美食都可
以在這裡找到，算是天母人的美
食秘境，我通常會提早十一點或推

晚到一點再過來，十二點的用餐時段真的是人潮擁擠，早已分不清是汗水還是湯水了！

　　士東市場外圍就是德行東路109巷，在早上也有許多攤商小販聚集，不乏許多知名美食店家，佳味香包子饅頭店、天母林家岡山羊肉、第一家鹹酥雞、銀座日本料理、忠誠牛肉麵等等，都是附近的美食店家，不妨可以去吃吃看唷！

粉絲留言 ▼

超愛二樓的湯圓

旁邊的 109 巷大概也是全台最繁華的五星級巷子吧

台北美國學校

　畫過日僑學校後，就不
能不畫對面的美國學校了。

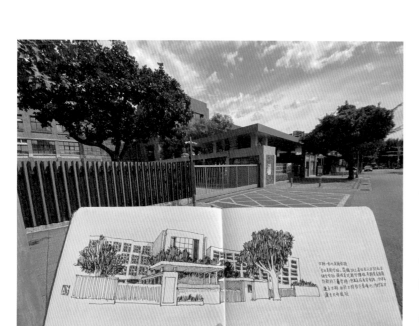

　　台北美國學校簡稱 TAS，是一所位於台灣台北市士林區天母的私立獨立學校，提供美式教學課程，1949 年成立，早期是美國國防部的下屬學校，在 1979 年，由於美國與中華民國的外交關係終止，台北美國學校改組為私立國際學校。1953 年夏天，台北美國學校在台北市長安東路建造一個更大的校園。1958 年，搬遷到士林校區，由於士

林校區位於河的兩邊，每當堤防遭到颱風破壞，校園很容易就淹水。在 1989 年 9 月，台北美國學校搬遷至現今的天母校區。

粉絲留言 ▼

 以前 7 月 4 日還會放煙火，好遠都看得到。

星巴克天玉門市

　　有全台灣最美的星巴克天玉門
市是一幢歐式獨棟庭院的建築。
門口那棵有如大傘包覆的濃蔭大樹

將整個門市建築包覆其中，充滿濃厚的異國情調。原本這裡是經營了二十年的哈根達斯天母門市，陪伴許多在地人長大，現在從賣冰淇淋改賣咖啡都能無縫接軌，對在地人沒什麼差別感。

星巴克天玉門市戶外區有四十三個位置，室內一、二樓加起來有九十七個位置，空間都非常舒適，也是一個悠閒逛天母歇腳的友善好店。

新光雙子星大樓
(台北市士林區福國路 98 號)

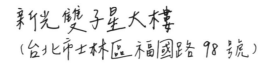

　　1979 年 3 月 19 日竣工的新光雙子星大樓由新光建設開發股份有限公司起造，造價約三千八百五十七萬，為兩棟地下五層、地上十四層（共二百二十五戶）的鋼筋混凝土造建築。新光雙子星大樓為早期在天母地區的代表性建案，當時台北市大多蓋七樓層華廈，新光建設創先興建了這座十四樓高的高樓層大樓，可謂當時之地標建案。

雙子星大樓還有當時最為著名的牛排館雙子星牛排，在三十五年前牛排尚未普及的時代，能夠到雙子星吃牛排算是十分高級的美食。現在雙子星牛排已經移到福國路巷弄中了。

時光冉冉，現在雙子星大樓早已經不再是地標，但當年的風華都一直存在老士林人的記憶中。（以上部分資訊取自張哲生臉書）

粉絲留言

以前那裡是廢棄的稻田，每到夏夜，總是有螢光閃閃，我們一大群小孩子都在乾枯的稻草中玩捉迷藏、抓螢火蟲；大約國小四年級時，雙子星的工地開工儀式，第一次看到剪綵，小朋友們的注意力則在現場的點心，當天吃得很開心，不過接下來的日子是很長一段期間與灰塵共存的日子，尤其我家就面對雙子星的第一排，古早的木框窗戶就算關起來，家裡還是每天都會蒙上一層厚厚的灰塵。

自從雙子星蓋了以後，再也沒有夏夜的螢火蟲，也沒有寬廣的視野了，以前在家裡就可以眺望士林橋的景象呢～

小時候的名厦：雙子星和甲桂林

愛　生　活　　0　7　2

士林巷弄速寫

作　　　者 —— 郭正宏
繪　　　圖 —— 郭正宏
責任編輯 —— 曾敏英
發 行 人 —— 蔡澤蘋
出　　　版 —— 健行文化出版事業有限公司
　　　　　　　台北市 105 八德路 3 段 12 巷 57 弄 40 號
　　　　　　　電話 / 02-25776564・傳真 / 02-25789205
　　　　　　　郵政劃撥 / 0112263-4
九歌文學網　　www.chiuko.com.tw
印　　　刷 —— 前進彩藝有限公司
法律顧問 —— 龍躍天律師・蕭雄淋律師・董安丹律師
發　　　行 —— 九歌出版社有限公司
　　　　　　　台北市 105 八德路 3 段 12 巷 57 弄 40 號
　　　　　　　電話 / 02-25776564・傳真 / 02-25789205
初　　　版 —— 2023 年 8 月
定　　　價 —— 550 元
書　　　號 —— 0207072
Ｉ Ｓ Ｂ Ｎ —— 978-626-7207-33-8
　　　　　　　9786267207321(PDF)

國家圖書館出版品預行編目 (CIP) 資料

士林巷弄速寫 / 郭正宏著．繪圖．-- 初版 . -- 台北
市 : 健行文化出版事業有限公司出版 : 九歌出版社
有限公司發行，2023.08
面；　公分 . --（愛生活 ; 72）
ISBN 978-626-7207-33-8（精裝）

1.CST: 人文地理 2.CST: 旅遊 3.CST: 臺北市士林區

733.9/101.9/101.4　　　　　　　112010468